Ernst Probst

Die Straubinger Kultur in Österreich

Eine Kultur der Bronzezeit vor etwa 2300 bis 1800/1600 v. Chr.

Ernst Probst

Die Straubinger Kultur in Österreich

Eine Kultur der Bronzezeit vor etwa 2300 bis 1800/1600 v. Chr.

GRIN Verlag

Bibliografische Information der Deutschen Nationalbibliothek: Die Deutsche Bibliothek verzeichnet diese Publikation in der Deutschen Nationalbibliografie; detaillierte bibliografische Daten sind im Internet über http://dnb.d-nb.de/ abrufbar.

1. Auflage 2011
Copyright © 2011 GRIN Verlag GmbH
http://www.grin.com
Druck und Bindung: Books on Demand GmbH, Norderstedt Germany
ISBN 978-3-656-03894-8

Frau aus der Frühbronzezeit in Niederösterreich.
Ausschnitt aus einer Zeichnung
von Friederike Hilscher-Ehlert, Königswinter,
für das Buch »Deutschland in der Bronzezeit« (1996)
von Ernst Probst

Ernst Probst

Die Straubinger Kultur in Österreich

Eine Kultur der Bronzezeit
vor etwa 2300 bis 1800/1600 v. Chr.

Widmung

Dr. Elisabeth Ruttkay (1926–2009)
und Dr. Johannes-Wolfgang Neugebauer (1949–2002)
gewidmet,
die mich bei meinen Büchern
»Deutschland in der Steinzeit« (1991) und
»Deutschland in der Bronzezeit« (1996)
unterstützt haben,
sowie der wissenschaftlichen Graphikerin
Friederike Hilscher-Ehlert

Inhalt

Der dänische Archäologe
Christian Jürgensen Thomsen (1788–1865)
hat 1836 die Urgeschichte
nach dem jeweils am meisten verwendetem Rohstoff
in drei Perioden eingeteilt:
Steinzeit, Bronzezeit und Eisenzeit.

Vorwort

Eine Kultur der Frühbronzezeit, die von etwa 2300 bis 1800/1600 v. Chr. in Oberösterreich, im Land Salzburg und im Raum von Kufstein in Nordtirol existierte, steht im Mittelpunkt des Taschenbuches »Die Straubinger Kultur in Österreich«. Geschildert werden die Anatomie der damaligen Ackerbauern, Viehzüchter und Bronzegießer, ihre Siedlungen, Kleidung, ihr Schmuck, ihre Keramik, Werkzeuge, Waffen, Haustiere, Jagdtiere, ihr Verkehrswesen, Handel und ihre Religion.

Verfasser ist der Wiesbadener Wissenschaftsautor Ernst Probst, der sich vor allem durch seine Werke »Deutschland in der Urzeit« (1986), »Deutschland in der Steinzeit« (1991) und »Deutschland in der Bronzezeit« (1996) einen Namen gemacht hat. Das Taschenbuch »Die Straubinger Kultur in Österreich« ist Dr. Elisabeth Ruttkay (1926–2009) und Dr. Johannes-Wolfgang Neugebauer (1949–2002) gewidmet, die den Autor mit Rat und Tat bei seinen Werken über die Steinzeit und Bronzezeit unterstützt haben. Es enthält Lebensbilder der wissenschaftlichen Graphikerin Friederike Hilscher-Ehlert aus Königswinter.

PAUL REINECKE,
geboren am 25. September 1872
in Berlin-Charlottenburg,
gestorben am 12. Mai 1958 in Herrsching.
Er wirkte 1897 bis 1908
am Römisch-Germanischen Zentralmuseum
in Mainz. 1908 bis 1937
war er Hauptkonservator
am Bayerischen Landesamt
für Denkmalpflege in München.
1917 wurde er kgl. Professor.
Reinecke teilte 1902 die Bronzezeit
in die Stufen A bis D ein.
1902 sprach er von der Straubinger Kultur
sowie von der Grabhügelbronzezeit
und später von der Hügelgräber-Bronzezeit.

Die Alpen werden besiedelt

Die Straubinger Kultur

Die Menschen im westlichen Österreich gingen auch in der Frühbronzezeit andere Wege als ihre Zeitgenossen im Ostteil des Landes. Damit wiederholte sich, was schon in der Jungsteinzeit häufig der Fall gewesen war: Der Westen hatte mehr Gemeinsamkeiten mit Süddeutschland als mit dem östlichen Österreich und deswegen breitete sich dort eine andere Kultur aus als im Osten.

Oberösterreich, das Land Salzburg und der Raum von Kufstein in Nordtirol gehörten nach Ansicht mancher Autoren von etwa 2300 bis 1800/1600 v. Chr. zum Einflussbereich der Straubinger Kultur. Diese war damals vor allem in Südbayern heimisch, und ist von dem deutschen Prähistoriker Paul Reinecke (1872–1958) nach dem südbayerischen Fundort Straubing bezeichnet worden.

Nach der 1977 von der Zürcher Prähistorikerin Margerita Primas vorgetragenen Ansicht gehören die archäologischen Funde aus der frühen Bronzezeit in Oberösterreich – wie Linz-Sankt Peter, Haid, Hörsching – zur Gruppe Linz. Dieser Begriff fand jedoch in der Fachwelt nicht allgemein Anklang.

Die frühbronzezeitlichen Funde aus der Gegend von Kufstein in Nordtirol werden von manchen Autoren einer Inneralpinen Bronzezeit-Kultur mit Einflüssen der

Verzierter bronzener Gürtelhaken
mit dreieckiger Gürtelplatte
aus dem frühbronzezeitlichen Gräberfeld
Linz-Sankt Peter in Oberösterreich.
Länge 7,6 Zentimeter, maximale Breite vier Zentimeter.
Original im Stadtmuseum Linz

Straubinger Kultur zugerechnet. Von einer Inneralpinen Bronzezeit-Kultur spricht man auch im schweizerischen Kanton Graubünden.

Die Skelettreste der in der Tischoferhöhle im Kaisertal bei Kufstein bestatteten Menschen veranschaulichen, welche Körperhöhe die Leute jener Zeit erreichten. Die Männer waren dort 1,68 bis 1,70 Meter groß, die Frauen 1,49 bis 1,55 Meter.

Ein tönernes Webstuhlgewicht aus Salzburg-Liefering beweist, dass aus Flachs und Schafwolle Stoffe gewebt und daraus Kleidungsstücke hergestellt wurden. Das Webstuhlgewicht ist 7,2 Zentimeter hoch, kegelförmig und unter der Spitze mit einem Loch zum Aufhängen versehen. Die Haltung von Schafen konnte anhand von Tierknochen aus der Tischoferhöhle nachgewiesen werden.

Die Kleidung wurde mittels knöcherner, kupferner oder bronzener Nadeln zusammengehalten. Bei den Metallnadeln gab es Ruderkopf-, Hakenkopf-, Kugelkopf, Hülsenkopf- und Schleifenkopf-Nadeln. All diese Nadelformen sind im Gräberfeld von Linz-Sankt Peter nachgewiesen. Neben dem praktischen Zweck kamen sie auch als Schmuck zur Geltung.

Zur Garderobe gehörte manchmal ein bronzener, verzierter Gürtelhaken, wie er in Linz-Sankt Peter zutage gefördert wurde. Seine Gürtelplatte ist dreieckig, 7,6 Zentimeter lang, maximal vier Zentimeter breit, endet unten mit einem umgebogenen Haken und oben mit einem schmalen, hakenförmig gekrümmten Blechstreifen.

Siedlungsreste in Oberösterreich, im Land Salzburg und in Nordtirol verraten eine Vorliebe für mehr oder minder geschützte Bergsiedlungen. Solche lagen auf der »Berglitzl« bei Gusen[1] (Oberösterreich), auf dem Rainberg in Salzburg[2], dem Götschenberg (Roter Felsen) bei Bischofshofen[3], dem Klinglberg bei Sankt Veit[4] im Pongau (Land Salzburg) sowie auf dem Buchberg in Wiesing[5] und auf dem Gschleirsbühel bei Matrei[6] am Brenner (Nordtirol).

Die Bergsiedlung auf dem 15 Meter hoch aufragenden Felsvorsprung »Berglitzl« bei Gusen wurde durch einen Brand vernichtet. Dort fand man eine Reihe zylindrischer Gruben von 1,20 bis 2,20 Meter Durchmesser, in denen jeweils ein bis drei Vorratsbehälter standen, die mit Getreide gefüllt waren, sowie mehrere kleine Gefäße. 21 davon wurden in einer dieser Gruben gezählt.

Bei den Ausgrabungen auf dem Klinglberg bei Sankt Veit stellte sich heraus, dass die Bewohner der dortigen Höhensiedlung rings um das Dorf – mit Ausnahme jener Bereiche, die durch Steinabbrüche gesichert waren – einen mächtigen Steinwall aufgetürmt hatten. Der Wall ist etwa 1,7 bis zwei Meter breit und dürfte einst wohl mehrere Meter hoch gewesen sein. Für seine Errichtung war ein erheblicher Arbeitsaufwand erforderlich.

Viel Schweiß kostete auch der Bau der Höhensiedlung auf der Hügelkuppe des Gschleirsbühel bei Matrei. Dort planierte man das unebene Gelände und schichtete aus dem im Untergrund vorhandenen Schotter niedrige Steinsockel für mindestens vier Hütten auf. Unklar ist die Funktion eines als »Turm« gedeuteten Bauwerks von ungefähr fünf Meter Durchmesser, das mit bis zu zwei Meter dicken Mauern versehen war.

Wie die Hütten auf dem Gschleirsbühel ausgesehen haben, weiß man nicht. Vermutlich waren es Holzbauten, die nicht erhalten blieben. Einzelne dieser Behausungen wurden durch niedrige Mäuerchen, die wohl ehedem die Basis für Holz- oder Flechtwerkwände bildeten, in mehrere Räume gegliedert. Auf den Fußböden hat man Spuren von Feuerstellen gefunden.

Die Höhensiedlung auf dem Gschleirsbühel wird von der Innsbrucker Prähistorikerin Liselotte Zemmer-Planck als eine von mehreren in guter Schutzlage errichteten Stationen gedeutet, denen damals die Betreuung und Überwachung der Brennerroute übertragen war. Offenbar ist diese Siedlung bei einem Brand zerstört worden – sei es durch unachtsamen Umgang mit Feuer oder bei einem Angriff. Wo sich einst der Gschleirsbühel erhob, liegt heute ein Rastplatz der Brennerautobahn.

Neben wehrhaften Bergsiedlungen gab es auch ungeschützte Flachlandsiedlungen. Eine solche erstreckte sich beispielsweise in Salzburg-Maxglan[7] an der Kante einer Schotterterrasse zwischen den Flüssen Salzach und Saalach. Bei Ausgrabungen wurden einige Pfostenlöcher entdeckt, die von ehemaligen Behausungen stammen, deren Grundrisse sich nicht rekonstruieren lassen. Die dazu gehörigen Keller- und Vorratsgruben sind bis zu einem Meter in den Schotterboden eingetieft und haben

Zeichnung auf Seite 19:

Flachlandsiedlung der Straubinger Kultur in Bayern.
Die Häuser dieses Dorfes waren 20 bis 25 Meter lang
und sechs bis zehn Meter breit.
Zeichnung von Friederike Hilscher-Ehlert, Königswinter,
für das Buch »Deutschland in der Bronzezeit« (1996)
von Ernst Probst

Wisent (Bos bonasus) und Elch (Alces alces) lebten zur Zeit der Straubinger Kultur (etwa 2300 bis 1800/1600 v. Chr.) in Nordtirol.

meistens einen rundlichen Grundriss. Das Füllmaterial der Gruben enthielt viele Keramikfragmente.

Weitere Siedlungsrelikte kamen in Salzburg-Itzling[8] zum Vorschein. Dort fand man zwei Wohnplätze im Flachland mit Hüttenlehm, Keramikresten, Steinwerkzeugen und jeweils einer Herdstelle. Gelegentlich sind auch Halbhöhlen und Höhlen aufgesucht oder sogar längere Zeit bewohnt worden. Entsprechende Funde kennt man aus der Halbhöhle am Hellbrunnerberg[9] bei Salzburg und aus der Tischoferhöhle im Kaisertal[10] bei Kufstein in Nordtirol. Die reichen Hinterlassenschaften in der Tischoferhöhle dürften von einem längeren Aufenthalt stammen.

Wie Jagdbeutereste in der Tischoferhöhle belegen, brachten deren Bewohner Braunbären *(Ursus arctos)*, Steinböcke *(Capra ibex)*, Gemsen *(Rupicapra rupicapra)*, Damhirsche *(Dama dama)*, Wölfe *(Canis lupus)*, Füchse *(Vulpes vulpes)*, Feldhasen *(Lepus europaeus)* und Schneehühner *(Lapogus mutus)* zur Strecke. In der Gegend von Wiesing bei Jenbach (Nordtirol) lebten unter anderem Auerhähne *(Tetrao urogallus)*, Igel *(Erinaceus europaeus)*, Rothirsche *(Cervus elaphus)*, Elche *(Alces alces)* und Wisente *(Bos bonasus)*. Auf die Existenz von Braunbären und Wölfen deutet auch eine Kette mit durchbohrten Zähnen dieser Tiere aus Rudelsdorf bei Hörsching in Oberösterreich hin.

Über den Ackerbau liegen bisher nur spärliche Hinweise vor. Dazu zählen angekohlte Reste von Dinkel *(Triticum spelta)* aus der Tischoferhöhle sowie Getreideüberbleibsel und ein Pollenkorn von Flachs *(Linum usitatissimum)* auf dem Haidberg bei Bischofshofen (Land Salzburg). Bei zwei Stücken von Sandstein-Reibplatten in Salzburg-Itzling könnte es sich um Fragmente von Mahlsteinen zum Zerquetschen von Getreidekörnern handeln.

Besser weiß man über die Viehzucht Bescheid. So identifizierte der Wiener Archäozoologe Erich Pucher die Tierknochen von der Höhensiedlung auf dem Buchberg in Wiesing (Nordtirol) als Reste vom Rind, Schwein, Schaf, der Ziege, des Pferdes und vom Hund. Die Rinder und Schafe wurden wegen der Milch- beziehungsweise Wollnutzung erwachsen geschlachtet, die Schweine als reine Fleischtiere dagegen schon im Alter von etwa zwei Jahren. Offenbar wusste man bereits einen Spanferkelbraten zu schätzen. Darauf deutet der Unterkiefer eines jungen Schweines aus einer Siedlungsgrube am Froschberg von Linz in Oberösterreich hin.

Auch in der Tischoferhöhle bei Kufstein kamen Schlacht- und Speisereste zum Vorschein. Demnach hielt man in der Nähe Hunde, Rinder, Schweine, Schafe und Ziegen als Haustiere. Nach Ansicht von Experten muss es ziemlich schwierig gewesen sein, Haustiere über den äußerst steilen Weg in diese Höhle zu bringen. Deshalb hält man es für möglich, dass die Haustiere bereits vorher an anderer Stelle geschlachtet und anschließend lediglich Fleischpartien zur Höhle getragen wurden.

Im Bereich der Pongauer Burg (Ruine Bachsfall) bei Bischofshofen[11] (Land Salzburg) war das Rind das wichtigste Haustier, obwohl die aufgefundenen

Schweineknochen geringfügig überwogen. Männliche Kälber hat man meistens im jugendlichen Alter geschlachtet oder kastriert. Die erwachsenen Kühe sind bevorzugt mit dem Nachlassen ihrer Leistungsfähigkeit im mittleren Alter geschlachtet worden. Das deutet nach Auffassung von Erich Pucher darauf hin, dass der Milchproduktion bereits große Bedeutung beigemessen wurde.

Die Schweine von der Ruine Bachsfall waren groß und von wildschweinähnlicher Gestalt. Ihre Widerristhöhe betrug durchschnittlich 81 Zentimeter. Nach Ansicht Puchers passt die Geschlechts- und Altersstruktur dieser Schweine eher zur Jagdbeute als zu Haustieren. Offenbar sind die Schweine halbwild gehalten worden, wobei es immer wieder zur Einkreuzung von Wildschweinen *(Sus scrofa)* kam.

Auch die weniger zahlreichen Schafe waren — laut Pucher — größer und derber gebaut als ihre Vorgänger aus der späten Jungsteinzeit. Die Widder trugen starke, weitbogig gekrümmte Hörner und ähnelten hierin dem schottischen Soay-Schaf. Die Woll- und Milchproduktion scheint am Fundort Ruine Bachsfall unbedeutend gewesen zu sein, weil die meisten Schafe vor dem Erreichen des Erwachsenenalters geschlachtet wurden. Hund und Pferd waren am Fundort Ruine Bachsfall seltener. Diese Haustiere hat man gelegentlich verzehrt.

Zahlreiche Pollen von Gräsern, Wegerich, Zungenblütlern, Rosen- und Nelkengewächsen aus den Mooren Götschenbauer, Bürglhöhe und Hochmoos unweit der

Rekonstruktion eines bronzezeitlichen Kupferbergwerks.
Die Zeichnung stammt von dem Verwalter des Kupferbergbaus
in Mühlbach am Hochkönig und Bischofshofen,
Josef Pirchl (1825–1903).
Rechts Abbaufeld mit Feuerbühne,
links Förderstollen und Handhaspel

Höhensiedlung auf dem Götschenberg bei Bischofshofen stammen von Wiesen aus der Umgebung[12]. Sie
zeugen in diesem Waldgebiet von Lichtungen, auf denen
wohl Haustiere weideten. Pollen von Tannen und
Buchen beweisen das Vorhandensein dieser Baumarten.
Außer Speisen aus Getreidemehl, Kuh- und Ziegenmilch
sowie dem Fleisch von Haus- und Jagdtieren aß man
wildwachsende Beeren und Obst. Das verraten angekohlte Reste von Wildäpfeln *(Malus sylvestris)* aus der
Tischoferhöhle bei Kufstein.

Die Tongefäße, in denen man die Nahrung zubereitete
oder aufbewahrte, wurden an Ort und Stelle modelliert
und im Töpferofen hartgebrannt. Nach den Grab-
beigaben für die in Linz-Sankt Peter bestatteten Menschen zu schließen, gab es tönerne Schalen, Schüsseln,
Henkeltassen und Töpfe. Die in der Tischoferhöhle
geborgene Töpferware stimmt weitgehend mit der
Siedlungskeramik von Straubing und von der Roseninsel
im Starnberger See (beide in Südbayern) überein.

Die Metallhandwerker der Straubinger Kultur pro-
fitierten von den Kupfererzvorkommen im Land
Salzburg (Bergbaugebiet Mühlbach am Hochkönig-
Bischofshofen und Sankt Johann im Pongau sowie
Viehhofen und Stuhlfelden im Pinzgau). Das große
Bergbaugebiet von Kitzbühel-Kelchalpe in Nordtirol
schließt räumlich an die Lagerstätten im Pinzgau an.
Woher das neben dem Kupfer für die Herstellung von
Bronze benötigte Zinn stammt, weiß man noch nicht.
Als eines der wichtigsten Kupferbergwerke im Alpen-
gebiet gelten die Minen im Raum Mühlbach-Bi-

schofshofen und dort vor allem am Mitterberg. An letzterem zeugen tiefe Einsturzstollen, -trichter und -furchen (so genannte Pingen) sowie Abraumhalden von einem schätzungsweise mehr als anderthalbtausend Jahre dauernden Abbau des Kupfererzes. Solange das Erz in Nähe der Erdoberfläche vorkam, konnte man es im Tagebau gewinnen. Mit zunehmender Tiefe der Erzadern wurde jedoch Untertagebau nötig.

Das Kupfererz vom Mitterberg und von anderen Lagerstätten im Raum Mühlbach-Bischofshofen ist nach Ansicht von Bergbauexperten mit Hilfe der so genannten Feuersetzmethode abgebaut worden. Die Bergleute erhitzten das zum Abbau vorgesehene Gestein mit Feuer und kühlten es dann mit Wasser ab. Dadurch wurde das Felsgestein brüchig und das Erz ließ sich gut mit Metallpickeln lösen.

Um das Feuer möglichst nahe an die Erzadern zu bringen, musste man hölzerne Gerüste errichten, die durch Steigbäume aus Fichtenstämmen erreichbar waren. Das zum Abschrecken der erhitzten Erzadern erforderliche Wasser wurde mit Holzeimern in die Grube getragen, das Kupfererz und den Abraum hat man mit Holztrögen ins Freie transportiert. In den Bergwerksstollen unter der Erde sorgten angezündete harzhaltige Späne für Licht.

Im Bergrevier Einödberg unweit vom Götschenberg reichten die Stollen bis etwa 170 Meter tief und 400 Meter weit in den Fels. Nirgendwo in Europa ist man damals beim Abbau von Kupfererz noch weiter ins Erdinnere vorgestoßen. Die Stollen wurden mit dicken

Balken (Stempeln) abgestützt, um deren Verbruch oder Steinschlag zu verhindern.

Der in Heidelberg arbeitende österreichische Prähistoriker Clemens Eibner hat in dem prähistorischen Stollen des Einödberges außer hölzernen Gerüsten und Stempeln auch eine steil angelegte Verbindungsstrecke untersucht, deren Sohle mit Lehm ausgeschmiert ist. Sie diente den Bergleuten als Rutsche, um rasch in tiefgelegene Abschnitte zu gelangen.

Als Werkzeuge (Gezähe) im Kupferbergbau dienten Bronzepickel mit Knieholzschäftung sowie Hämmer aus Hartholz oder Bronze. Das Kupfererz hat man mit kurzstieligen Holzschaufeln in Eimer oder Tröge gefüllt und ins Freie geschafft. Dann wurde das Material mit Klopfsteinen auf steinernen Unterlageplatten zerkleinert und das Erz ausgelesen.

Stark mit Nebengestein verwachsenes Erz hat man auf steinernen Handmühlen bis auf Mehlfeinheit gemahlen und durch Auswaschen – ähnlich dem Goldwaschen – von dem unverhüttbaren Material getrennt. Vor dem eigentlichen Schmnelzprozess musste das Erz geröstet werden, um den Schwefelgehalt zu vermindern. Dazu wurde das mit Holzkohle vermischte Erz auf langen Röstbetten aufgeschüttet und die Kohle in Brand gesteckt.

Der Schmelzprozess erfolgte in kleinen, aus feuerfesten Steinen und Lehm gemauerten Schachtöfen. Diese waren immer paarweise angeordnet: Ein Ofen stand in Betrieb, der zweite wurde für den nächsten Schmelzgang vorbereitet. Meistens gab es pro Schmelzplatz insgesamt vier Öfen. Das Innenmaß der Öfen betrug in der Frühbronzezeit 70 mal 70 Zentimeter. Man hat die Dimension der Öfen im Laufe der Bronzezeit bis auf etwa 40 mal 40 Zentimeter verkleinert. Bei einer Betriebstemperatur von rund 1200 Grad Celsius wurde das Kupfer zähflüssig. Die Beimengungen des Kupfers, vor allem der Eisenanteil, wurden an den Quarz gebunden und konnten als Schlacke aus dem Ofen abgelassen werden.

An den Schmelzplätzen blieben große Mengen (bis zu 200 Kubikmetern) an Schlacke zurück, lediglich ein kleiner Teil davon fand als Magerungsmittel für Töpferton Verwendung. Da sich auf der kupferhaltigen Schlacke nur sehr spärliche Vegetation bildet, lassen sich die Schlackeplätze relativ leicht orten. Allein im Gebiet von Mühlbach-Bischofshofen sind rund 160 Schmelz-plätze registriert worden.

In der Frühbronzezeit hat man das produzierte Kupfer in ringförmige Barren gegossen. Am Übergang zur Mittelbronzezeit traten spangenförmige Barren in Erscheinung. Ab der mittelbronzezeitlichen Stufe Bronzezeit C wurde Kupfer in Form von Gusskuchen mit mehreren Kilogramm Gewicht in den Handel gebracht. Die Ring- und Spangenbarren und auch die Gusskuchen bestehen immer aus Kupfer und nicht aus Bronze. Das Zinn wurde offensichtlich erst bei der Verarbeitung beigegeben.

Das Ergebnis des Schmelzprozesses im Schachtofen war Kupferstein. Die Verfahren der Weiterverarbeitung zu reinem Schwarzkupfer sind derzeit noch nicht eindeutig geklärt. Es scheint, dass dafür Grubenöfen zum Einsatz kamen, die in großer Zahl im Bergbaugebiet gefunden worden sind – zum Beispiel in Sankt Johann im Pongau oder Wörgl in Tirol (Größe 90 bis 130 Zentimeter, Tiefe etwa 60 Zentimeter). Diese Öfen waren innerhalb oder in der Nähe größerer Siedlungen errichtet worden.

Die Funde von Unterlageplatten und Klopfsteinen beziehungsweise Schlacke am Sinnhubschlößl bei Bischofshofen oder am Klinglberg bei Sankt Veit im Pongau sind in Zusammenhang mit diesem abschließenden Prozess zur Kupfergewinnung zu sehen. Eine Kupfergießerei aus dieser Zeit war in der Tischoferhöhle bei Kufstein in Betrieb. Metallanalysen zufolge haben die dortigen Metallhandwerker Kupfer aus der Schwazer Erzzone verarbeitet. Ihre schweißtreibende Arbeit bezeugen tönerne Winddüsen von Schmelzöfen, beide Teile einer steinernen Gussform für ein Flachbeil, Stücke von Kupfererz, Kupfergusskuchen und Bronzegusstropfen.

Auch in der östlich der Tischoferhöhle gelegenen Hyänenhöhle wurden Hinterlassenschaften einer Kupfergießerei entdeckt. Dabei handelt es sich um die tönerne Winddüse eines Schmelzofens, Feuerspuren, das Bruchstück einer Gussformhälfte aus Sandstein für einen beilförmigen Barren und grobe Tongefäße.

Auf dem erwähnten Klinglberg entdeckte man mehrere Schlacken- und Gusskuchenfragmente sowie zahlreiche Reste von Tongefäßen, denen man zerstoßene Kupferschlacke beigemengt hatte. Dieser Fundort lag außerhalb der Höhensiedlung, die man vermutlich vor der Brandgefahr sowie giftigen Dämpfen und Gasen der Kupferschmiede bewahren wollte.

Die 1979 bis 1983 bei Rettungsgrabungen durch das Salzburger Museum Carolino Augusteum freigelegte Siedlung von Obereching im Land Salzburg wird von dem Prähistoriker Fritz Moosleitner als Umschlagplatz für den Kupferhandel gedeutet. Das Dorf ist nachweislich durch Brand zerstört worden – vermutlich im Zuge kriegerischer Ereignisse. Den Angreifern blieben die unter dem Fußboden der Häuser vergrabenen Kupferbarrendepots verborgen. Die Bewohner der Siedlung wurden getötet, vertrieben oder hatten aus anderen Gründen keine Möglichkeit mehr, wieder in ihren Besitz zu gelangen. Die Siedlung von Obereching ist nicht wieder aufgebaut worden.

Die Metallhandwerker der Straubinger Kultur fertigten bronzene Werkzeuge, Waffen und Schmuckstücke an. Dolche, Beile, Nadeln und Ringe aus Bronze sind zum Beispiel aus dem Gräberfeld von Linz-Sankt Peter bekannt.

Dass man damals noch verschiedene Gesteinsarten als Rohstoff zur Werkzeugherstellung schätzte, belegen Funde aus der Tischoferhöhle, als da sind: ein Wetzstein, eine Gussform und Schleifsteine aus Sandstein, ein Klopfstein und Reibsteine aus Amphibolit, ein Keulenknauf und ein Flachbeil aus Serpentin, ein Klopfstein und ein Schaber aus Dolomit, ein Schaber aus Bergkristall sowie Schaber, Kratzer, Bohrer und Sägen aus Feuerstein.

Tierknochen dienten als Werkstoff für Nadeln, Pfrieme und Schaber. Zum Fundgut aus der Tischoferhöhle gehören ein Schabgerät, fünf Knochennadeln, zwei Knochenpfrieme und mehrere Knochenspitzen. In Linz-Sankt Peter barg man Knochenpfrieme und -schaber.

Neben Bronzedolchen waren die Männer häufig mit Pfeil und Bogen bewaffnet. Die Pfeilspitzen hat man meistens aus Feuerstein zurechtgeschlagen. Am Fundort Salzburg-Maxglan wurden drei dreieckige Pfeilspitzen aus Feuerstein und eine querschneidige aus Felsgestein geborgen. Auf dem Klinglberg bei Sankt Veit und in Morzg (beide im Land Salzburg) lag jeweils neben zwei Pfeilspitzen aus Feuerstein auch noch eine aus Kupfer beziehungsweise Bronze. Der auf dem Felsvorsprung »Berglitzl« bei Gusen in Oberösterreich gefundene 21,5 Zentimeter lange »Fischschwanzdolch« aus Feuerstein ist ein »Importartikel« aus dem Norden.

Zum Transport von schweren und sperrigen Lasten auf Flüssen, Seen und Mooren dienten vermutlich aus dicken Stämmen gezimmerte Einbäume. Zwei Einbäume aus Eichenholz wurden im Sattnitzmoor östlich von Klagenfurt[13] in Kärnten entdeckt. Sie werden in die Frühbronzezeit datiert, kamen jedoch weit außerhalb des Verbreitungsgebiets der Straubinger Kultur zum Vorschein.

Einer der Einbäume vom Sattnitzmoor ist 4,50 Meter lang, bis zu 60 Zentimeter breit und noch 29 Zentimeter hoch. Er wurde mit vier Spanten im Innenraum versteift und ist am Bug mit einer länglichen Öffnung von vier mal sieben Zentimetern versehen, durch die ein Seil gezogen werden konnte. Der zweite Einbaum ist etwa 4,15 Meter lang und weist im Innenraum drei Spanten auf.

Als Schmuck trugen die Straubinger Leute unter anderem Halsketten mit Anhängern aus durchbohrten Muschelschalen, Schneckengehäusen,Knochenröhrchen, -scheiben und -stücken und Tierzähnen. Außerdem besaßen sie kupfernen Stirn-, Hals-, Arm- und Fingerschmuck und äußerst seltenen goldenen Ohrschmuck.

Anhänger aus durchbohrten Muschelschalen lagen in Gräbern von Haid und Linz-Sankt Peter in Oberösterreich. Eine in Haid bestattete Frau trug neben einem bronzenen Noppenring am linken Ohr auch eine Halskette mit 20 trapezförmigen Perlmuttscheiben aus Muschelschalen. Die Bewohner der Tischoferhöhle bei Kufstein hinterließen unter anderem Gehäuse der im Mittelmeer vorkommenden Turmschnecken *(Cerithium vulgatum)* und Täubchenschnecken *(Columbella rustica)*. Eine besonders reich geschmückte Frau aus Haid besaß neben zwei Noppenohrringen, Blechröllchen in der vorderen Halsgegend und einem bandförmigen Fingerring (alle aus Bronze) eine Halskette mit 20 Knochenringen verschiedener Größe und einer knöchernen Stabperle. Außerdem hingen zwei durchlochte Eberzähne in der Halsgegend. Unter einer tönernen Schüssel fand sich zusammen mit einem Bronzepfriem und einem Knochenstäbchen eine weitere Halskette mit knöchernen Ringen und trapezförmigen Anhängern. Eine andere Frau aus Haid hatte eine Halskette mit trapezförmigen Knochenanhängern und Raubtier-zähnen. In einem Grab von Linz-Sankt Peter wurden 20 Knochenscheiben geborgen, die an einer Schnur aufgefädelt waren und auf diese Weise eine Halskette ergaben. In einem anderen Grab von dort fand man Knochenröhrchen, die als Halsschmuck an einer Kette dienten.

Die Bewohner der Tischoferhöhle verarbeiteten Zähne von Haus- und Jagdtieren als Schmuck. Das zeigen durchlochte Zähne, die vom Hund, Hausschwein, Braunbär und Wolf stammen. Ähnlichen Schmuck schätzte man in Rudelsdorf bei Hörsching in Oberösterreich, wo eine Halskette mit Zähnen von Braunbär und Wolf zum Vorschein kam.

Nach den Funden aus dem Gräberfeld von Linz-Sankt Peter zu schließen, sind damals auch zahlreiche Schmuckstücke aus Bronze hergestellt worden. Dort stieß man unter anderem auf ein Blechband (»Diadem«) als Stirnschmuck, Ösenhalsringe, Spiralröllchen, Blechröhrchen, Noppenringe, eine Perle, Armreife, Armspiralen, Fingerreife, einen Fingerring und Blechzwingen.

In ganz seltenen Fällen konnte man sich offenbar sogar Goldschmuck leisten. Darauf deutet ein goldener Ohrring aus Rudelsdorf in Oberösterreich hin. Objekte aus diesem Edelmetall dürften bereits damals einen hohen Wert besessen haben.

Bei Bestattungen galten offenbar strenge Regeln, was die Orientierung der Leichen betraf. Männer bettete

Die Tischoferhöhle
im Kaisertal bei Kufstein in Tirol
wurde in der Frühbronzezeit
von Menschen aufgesucht.
Nach den Funden zu schließen,
betrieben sie dort
eine Gießereiwerkstätte
und bestatteten in der Höhle
auch ihre Toten.

man auf die linke Seite mit dem Kopf im Norden und den Beinen im Süden, Frauen dagegen auf die rechte Seite mit dem Kopf im Süden und den Beinen im Norden. So war es schon bei den Vorgängern, den Glockerbecher-Leuten in der Jungsteinzeit, Brauch gewesen. Bei beiden Geschlechtern wurden die Beine zum Körper hin angezogen, es handelte sich also um Hockerbestattungen. Die Toten wurden überwiegend einzeln beerdigt, selten zusammen mit anderen.

In den Gräbern der Straubinger Kultur fand man Trachtenzubehör und Waffen. Tongefäße und Tierknochen bezeugen die Versorgung mit Nahrung und Getränken für das Jenseits.

Das bisher ausgedehnteste Gräberfeld wurde in Haid[14] bei Hörsching in Oberösterreich aufgedeckt. Es umfasste insgesamt 122 Gräber. Davon lagen in 110 Gräbern jeweils nur eine Bestattung, in sechs Gräbern je eine Erwachsener und ein Kind, in fünf Gräbern jeweils zwei Kinder und in einem Grab zwei zu verschiedenen Zeiten beerdigte Frauen. In sechs Gräbern von Haid stieß man auf Spuren eines Totenbretts, auf dem einst der Leichnam ruhte; drei Gräbern enthielten jeweils einen Holzsarg und zwei je einen Baumsarg. Ein Grab war mit Holzbohlen ausgekleidet. Feuerreste stammen wohl von Totenfeiern. Zum Gräberfeld von Linz-Sankt Peter[15] gehörten 45 Gräber und zu dem von Rudelsdorf III bei Hörsching[16] (beide in Oberösterreich) 29 Gräber. Auch in Rudelsdorf III wurden Spuren zweier Holzsärge und eines Totenbretts sicher identifiziert. Jeweils nur wenige

Gräber hat man in Holzleiten I[17], Neubau[18] und Traun[19] (alle in Oberösterreich) entdeckt. Von Bestattungen in Höhlen zeugen die Skelettreste zweier Männern, sieben zumeist jüngerer Frauen sowie von 17 Kindern und Jugendlichen aus der Tischoferhöhle.

Bei den vermeintlichen Kult- und Opferplätzen auf dem erwähnten Felsvorsprung »Berglitzl« bei Gusen in Oberösterreich handelt es sich nach neueren Erkenntnissen nur um gewöhnlichen Siedlungsschutt. Dort hatte der Linzer Ausgräber Manfred Pertlwieser gearbeitet und über Zeugnisse von Kulthandlungen, Menschenopfern und Kannibalismus berichtet.

Anmerkungen

1] Auf der »Berglitzl« bei Gusen wurden von 1965 bis 1974 Grabungen durchgeführt. Die Grabungen von 1965, 1967 und 1968 waren allein auf die Erforschung des slawischen Gräberfeldes ausgerichtet, ab 1969 jedoch auch auf andere urgeschichtliche Fundstellen, weil an mehreren Orten Siedlungsreste zum Vorschein kamen. 1982 erfolgten Grabungen am Westhang, bei denen Objekte aus der Jungsteinzeit und aus der Bronzezeit entdeckt wurden.

2] Auf der Hochfläche des Rainbergs in Salzburg kamen im Frühjahr 1899 erste prähistorische Funde zum Vorschein. Daraufhin führte der damalige Konservator und Direktor des Salzburger Museums Carolino Augusteum, Alexander Petter (1832–1905), größere Grabungen durch. Das Salzburger Museum Carolino Augusteum ist 1834 von dem Steueramtskontrolleur Vinzenz Maria Süss (1802–1886) gegründet worden, der als erster Direktor fungierte. Ab 1907 erfolgten Grabungen der Freiherren Alexander, Max und Julius von Schwarz. 1910 und 1911 nahm Hans Baron von Koblitz an der Nordostseite des niederen Rainbergs Grabungen vor.

3] Auf dem Götschenberg bei Bischofshofen haben 1878 der Verwalter des Kupferbergbaues in Mühlbach am Hochkönig und Bischofshofen, Johann Pirchl (1825–1903), 1891 der Fabrikbesitzer und Prähistoriker

Matthäus Much (1832–1909) aus Wien, 1912 der
Höhlenkundler Georg Kyrle (1887–1937) aus Wien und
1925 der Landesarchäologe Martin Hell (1885–1975)
aus Salzburg gegraben. 1979 bis 1982 nahm der damals
in Innsbruck tätige Prähistoriker Andreas Lippert dort
Ausgrabungen vor. 1983 bis 1987 führte er im Hang-
im Randbereich des Hügels zusätzliche Detailunter-
suchungen durch.

4] Auf dem Klinglberg bei Sankt Veit fand Martin Hell
(s. Anm. 3) im April 1913 die Wohnstelle I. Im Herbst
1917 entdeckten Martin Hell und seine Frau Lina die
Fundstelle II. 1985 bis 1989 führte der englische
Prähistoriker Stephen J. Shennan aus Southampton auf
dem Klinglberg Ausgrabungen durch.

5] Auf dem Buchberg in Wiesing hat 1981/82 der
Archäologe Wilhelm Sydow vom Bundesdenkmalamt,
Außenstelle Innsbruck, gegraben.

6] Auf dem Gschleirsbühel bei Matrei am Brenner nahm
die Innsbrucker Prähistorikerin Liselotte Zemmer-Plank
ab 29. März 1965 eine 56-tägige Ausgrabung vor.

7] Im Herbst 1913 fand Martin Hell (s. Anm. 3) in
Salzburg-Maxglan frühbronzezeitliche Keramikreste.
(Siedlungsstelle I). 1918 stieß seine Frau Lina auf die
Siedlungsstelle II. 1922 folgte die Entdeckung einer
Abfallgrube (Stelle III).

8] In Salzburg-Itzling wurde am 4. November 1943 in
einem Luftschutzgraben eine Kulturschicht (Wohnplatz
I) entdeckt. Am 7. März 1944 hat man in einem anderen
Luftschutzgraben eine weitere Kulturschicht (Wohnplatz
II) gefunden.

9] Die Fundstelle unter der Halbhöhle am Hellbrunnerberg wurde 1945 bei der Anlage eines Luftschutzkellers entdeckt. Martin Hell (s. Anm. 3) hat noch im selben Jahr einen Testschnitt angelegt. Die Grabungen ergaben vor allem jungsteinzeitliche Schichten, darüber aber auch eine bronzezeitliche Schicht sowie eine der Hallstatt- und Latenè-Zeit. 1988 hat das Salzburger Museum Carolino Augusteum unter Leitung des Prähistorikers Fritz Moosleitner eine großflächige Grabung im Anschluss an den Testschnitt von Martin Hell vorgenommen. Das besonders fundreiche Schichtpaket der Bronzezeit weist eine Mächtigkeit von einem Meter auf.

10] Die Tischoferhöhle im Kaisertal wurde seit dem Mittelalter erforscht. 1859 führte der Innsbrucker Lehrer Adolf Pichler (1819–1900) darin Grabungen durch. 1906 untersuchte der Münchener Paläontologe Max Schlosser (1854–1933) die Höhle und 1960 der Innsbrucker Prähistoriker Osmund Menghin (1920–1989).

11] Die bronzezeitlichen Siedlungsreste auf der Pongauer Burg (Ruine Bachsfall) in Bischofshofen wurden 1982 im Zuge der Untersuchung der mittelalterlichen Burganlage entdeckt. Die Untersuchungen erfolgten in den Jahren 1982 bis 1986 durch das Salzburger Museum Carolino Augusteum unter der Leitung von Fritz Moosleitner (s. Anm. 9).

12] Die botanischen Untersuchungen der Gegend unweit der Höhensiedlung auf dem Götschenberg bei Bischofshofen wurden von der Innsbrucker Botanikerin Notburga Wahlmüller vorgenommen.

13] Die Einbäume aus dem Sattnitzmoor östlich von Klagenfurt wurden am 10. August 1939 von Männern des Reichsarbeitsdienstes und am 27. Februar 1940 bei der Glanfurtregulierung entdeckt.

14] Das Gräberfeld von Haid bei Hörsching wurde bei einer Rettungsgrabung vom 26. März bis 26. November 1964 untersucht.

15] Während der Errichtung der Hermann-Göring-Werke im Südosten von Linz wurden zwischen 1938 und 1945 auf dem Gelände der heutigen Vereinigten Österreichischen Eisen- und Stahlwerke (VÖEST) drei Gräberbereiche aufgedeckt: 1. westlich der ehemaligen Ortschaft Sankt Peter das Gräberfeld Linz-Sankt Peter mit Gräbern der Frühbronzezeit, der UrnenfelderZeit, der Hallstatt-Zeit und wenigen Funden aus der Latène-Zeit; 2. südwestlich von Sankt Peter das urnenfelder-zeitliche Gräberfeld Linz-Wahringerstraße; 3. westlich der einstigen Ortschaft Zizlau, die am Zusammenfluss von Donau und Traun gelegen war, das frühge-schichtliche Gräberfeld Linz-Zizlau.

16] Das Gräberfeld Rudelsdorf III mit frühbronze-zeitlichen Gräbern wurde vom 8. Juli bis 20. September 1963 freigelegt. Die Gräberfelder Rudelsdorf I und II umfassen baierische Gräber.

17] In der Schottergrube H. Lehner in Holzleiten wurden 1957 mehr als 100 frühbronzezeitliche Hockergräber entdeckt.

18] In der Schottergrube Wibau III von Neubau wurden im September 1959 sechs Hockergräber gefunden.

19] Beim Bau des Radfahrweges an der Welser Reichsstraße bei Traun wurden am 11. und 12. April 1939 drei Körpergräber mit Noppenring und konischer Schale aufgedeckt.

Literatur

ADLER, Horst: Das urgeschichtliche Gräberfeld Linz-St. Peter. Teil 1: Materialvorlage. Linzer Archäologische Forschungen, Band 2, Linz 1965

ADLER, Horst: Das urgeschichtliche Gräberfeld Linz-St. Peter. Teil 2: Die frühe Bronzezeit. Linzer Archäologische Forschungen, Band 3, Linz 1967

DOLENZ, Hans: Zwei Einbäume aus dem Sattnitzmoor. II. Beschreibung und Konservierung der Einbäume. Carinthia, Band 129, S. 217–223, Klagenfurt 1940

GÜNTHER, Wilhelm / EIBNER, Clemens / LIPPERT, Andreas / PAAR, Werner: 5000 Jahre Kupferbergbau Mühlbach am Hochkönig-Bischofshofen, Mühlbach am Hochkönig o. J.

HELL, Martin: Neue Funde vom Rainberg in Salzburg. Wiener Prähistorische Zeitschrift, Jahrgang 10, S. 17–22, Wien 1923

HELL, Martin: Altbronzezeitliche Wohnstätten in Salzburg-Itzling. Archaeologia Austriaca, Heft 1, S. 27–37, Wien 1948

HELL, Martin: Altbronzezeitliche Wohnstellen in Salzburg-Liefering. Archaeologia Austriaca, Heft 11, S. 34–40, Wien 1952

HELL, Martin: Die Halbhöhle am Hellbrunnerberg bei Salzburg als urzeitliche Wohnstelle. Archaeologia Austriaca, Heft 56, S. 1–12, Wien 1974

HELL, Martin: Eine Siedlung der Bronzezeit in Salzburg-Maxglan. Archaeologia Austriaca, Heft 57, S. 9–20, Wien 1975

KLOIBER, Ämilian: Ein Gräberfeld der frühen Bronzezeit in Rudelsdorf III, Gemeinde Hörsching. Jahrbuch des Oberösterreichischen Musealvereins, Band 109, S. 153– 156, Linz 1964

KLOIBER, Ämilian: Ein neues Gräberfeld der frühen Bronzezeit in Hörsching: Haid. Jahrbuch des Oberösterreichischen Musealvereins, Band 110, S. 158–161, Linz 1965

KLOIBER, Ämilian: Gräberkundliche Forschungen zwischen Inn und Enns (Gräberfeldforschungen 1948–1971 und skelettanthropologische Veröffentlichungen 1939–1976). Aus: SCHRÖTER, Peter (Herausgeber): 75 Jahre Anthropologische Staatssammlung München 1902–1977, S. 257– 274, München 1977

KNEUSSL, Werner: Die älterbronzezeitlichen Funde aus der Tischoferhöhle. Beiträge zur Urgeschichte Tirols, Sonderheft 29, S. 39–135, Innsbruck 1969

KYRLE, Georg: Urgeschichte des Kronlandes Salzburg. Österreichische Kunsttopographie, Band 18, Wien 1918

LEITNER, Walter: Die frühe und mittlere Bronzezeit. Aus: FONTANA, Josef / HAIER, Peter W. / LEITNER, Walter / Mühlberger, Georg / PALME, Rudolf / PARTELI, Othmar / RIEDMANN, Josef: Geschichte des Landes Tirol, Band 1, S. 34–40, Bozen 1985

LIPPERT, Andreas: Der Götschenberg bei Bischofshofen. Eine ur- und frühgeschichtliche Höhen-

44

siedlung im Salzachpongau. Mitteilungen der Prähistorischen Kommission, Band 27, S. 9–110, Wien 1992

MOESTA, Hasso: Bericht über die Untersuchungen einiger metallurgisch relevanter Fundstücke vom Götschenberg aus der Grabung Lippert bei Bischofshofen. Mitteilungen der Prähistorischen Kommission, Band 27, S. 143– 155, Wien 1992

MOOSLEITNER, Fritz: Salzburg, SG Salzburg Morzg. Fundberichte aus Österreich, Band 27, S. 269–270, Wien 1989

POSSEGGER, Siegfried: Zwei Einbäume aus dem Sattnitzmoor. I. Die Auffindung des zweiten Einbaumes. Carinthia, Band 129, S. 216–217, Klagenfurt 1940

PUCHER, Erich: Bronzezeitliche Tierknochen vom Buchberg, OG Wiesing, Tirol. Fundberichte aus Österreich, Band 23, S. 209–220, Wien 1986

PUCHER, Erich: Eine Analyse bronzezeitlicher Tierknochenfunde von der Burgruine Bachsfall bei Bischofshofen (Salzburg). Archäologie in Salzburg, Band 3, Salzburg 1994

REITINGER, Josef: Linz-Reisetbauer und St. Florian am Inn. Ein Beitrag zur frühen Bronzezeit Oberösterreichs. Archaeologia Austriaca, Heft 23, S. 1–50, Wien 1958. REITINGER, Josef: Die ur- und frühgeschichtlichen Funde in Oberösterreich, Linz 1968

REITINGER, Josef / KLOIBER, Ämilian: Eine bronzezeitliche Gräbergruppe in Hörsching. Jahrbuch des Oberösterreichischen Musealvereins, Band 105, S. 139–147, Linz 1960

SHENNAN, Stephan J.: Ausgrabungen in einer frühbronzezeitlichen Siedlung auf dem Klinglberg, St. Veit im Pongau. Archaeologia Austriaca, Heft 73, S. 35–48, Wien 1989

STARZACHER, Karl: Zwei Einbäume aus dem Sattnitzmoor. I. Die Auffindung des ersten Einbaumes. Carinthia, Jahrgang 129, S. 213–215, Klagenfurt 1940

STROUHAL, Robert: Die frühbronzezeitlichen Hortfunde Oberösterreichs. Oberösterreichische Heimatblätter, Band 13, S. 265–327, Linz 1959

SYDOW, Wilhelm: Die prähistorische Wehranlage auf dem Buchberg, OG Wiesing, Tirol. Fundberichte aus Österreich, Band 23, S. 191–207, Wien 1984

USLAR, Rafael von: Vorgeschichtliche Fundkarten der Alpen. Römisch-Germanische Forschungen, Band 48, Frankfurt/Main 1991

VONBANK, Elmar: Frühbronzezeitliche Siedlungsfunde im Vorarlberger Rheintal. Helvetia Antiqua. Festschrift Emil Vogt, Band 17, S. 55–58, Zürich 1966

ZEMMER-PLANK, Liselotte: Ein bronzezeitliches Gehöft auf dem Gschleirsbühel bei Matrei a. Br. Veröffentlichungen des Museums Ferdinandeum, Band 58, S. 157–209, Innsbruck 1978

Bildquellen

Klaus Benz, Fotograf, Mainz-Laubenheim: 51
Französische Enzyklopädie: 20 unten
Friederike Hilscher-Ehlert, Königswinter: 49
Reproduktionen von Fotos aus dem Buch
»Deutschland in der Bronzezeit« (1996) von Ernst
Probst: 12 (Römisch-Germanisches Zentralmuseum,
Mainz), 14 (Stadtmuseum Linz)
Reproduktionen von Zeichnungen aus dem Buch
„Deutschland in der Bronzezeit« (1996) von Ernst
Probst: 24 (Reproduktion aus Carl Schuchhardt:
Deutsche Vor- und Frühgeschichte in Bildern, Tafel
27, Abb. 129, München/Berlin 1936, Reproduktion:
Klaus Benz, Mainz-Laubenheim), 9 (Reproduktion
aus Jorn Street-Jensen: Christian Jürgensen Thomsen
und Ludwig Lindenschmit: Eine Gelehrten-
korrespondenz aus der Frühzeit der Altertumskunde
(1853–1964), Mainz 1985),
Bonanza/CC-BY-SA3.0: 34 (via Wikimedia
Commons), lizensiert unter CreativeCommons-
Lizenz by-sa-3.0-de
http://creativecommons.org/licenses/by-sa/3.0/
legalcode
Zeichnungen von Friederike Hilscher-Ehlert für das
Buch »Deutschland in der Bronzezeit« (1996) von
Ernst Probst: 1, 19

Die wissenschaftliche Graphikerin Friederike Hilscher-Ehlert

Friederike Hilscher-Ehlert wurde am 13. Dezember 1946 in Hamburg geboren. Sie absolvierte eine Ausbildung sowie ein Studium in den Fächern Kostümbild und Bühnenbild. Danach war sie mehrere Jahre lang an der Bühne tätig. Auf dem zweiten Berufsweg wurde sie wissenschaftliche Graphikerin mit dem Schwerpunkt Archäologie und arbeitete am Rheinischen Landesmuseum Bonn. Ihre Fachgebiete waren Restaurierung, Archäo-Botanik, Wissenschafts-Publikationen, Amtshilfe bei externen Projekten und Ausstellungskonzeption. Mit Lebensbildern von Menschen aus vergangenen Zeiten machte sie sich bereits einen Namen, als solche Kunstwerke in ihrer Heimat noch Seltenheiten waren. Das erste Buch, in dem Zeichnungen von Friederike Hilscher-Ehlert abgebildet wurden, heißt »Report aus der Römerzeit« (1989). In den frühen 1990-er Jahren schuf sie zahlreiche Lebensbilder für das Buch »Deutschland in der Bronzezeit« (1996) des Wiesbadener Wissenschaftsautors Ernst Probst. Großformatige Lebensbilder aus ihrer Hand schmücken die Werke »Die Römer« (1999), »Die Steinzeitler« (2003), »Die Kelten" (2003) und »Die Franken« (2003) in der vom Rheinischen Landesmuseum Bonn herausgegebenen Reihe »Lebendige Vergangenheit«. Im Geleitwort schrieb Professor Dr. Hans-Eckart Joachim: »Die Zeichnerin Friederike Hilscher-Ehlert verbindet wissenschaftlich abgesicherte, akribische Prägnanz mit virtuosem unverkennbaren Personalstil, der der Phantasie und Entdeckerfreude Raum lässt. So entstehen Bilder, in denen uns Menschen und Menschengemachtes der Vergangenheit entgegentreten, längst verwischte Spuren sichtbar werden.« Zeichnungen von ihr erschienen außer in Büchern auch in wissenschaftlichen Zeitschriften und man sah sie in Ausstellungen von Museen oder auf zahlreichen farbprächtigen Ansichtskarten. Friederike Hilscher-Ehlert betont: »Archäologische Illustration ist heute in keinem Museum und in keiner fundierten Fachpublikation mehr entbehrlich. Es ist mir eine Freude Wegbereiterin dieser Art Graphik in Deutschland gewesen zu sein.«

Der Autor Ernst Probst

Ernst Probst, geboren am 20. Januar 1946 in Neunburg vorm Wald im bayerischen Regierungsbezirk Oberpfalz, ist Journalist und Wissenschaftsautor. Er arbeitete von 1968 bis 1971 als Redakteur bei den »Nürnberger Nachrichten«, von 1971 bis 1973 in der Zentralredaktion des »Ring Nordbayerischer Tageszeitungen« in Bayreuth und von 1973 bis 2001 bei der »Allgemeinen Zeitung«, Mainz. In seiner Freizeit schrieb er Artikel für die »Frankfurter Allgemeine Zeitung«, »Süddeutsche Zeitung«, »Die Welt«, »Frankfurter Rundschau«, »Neue Zürcher Zeitung«, »Tages-Anzeiger«, Zürich, »Salzburger Nachrichten«, »Die Zeit«, »Rheinischer Merkur«, »Deutsches Allgemeines Sonntagsblatt«, »bild der wissenschaft«, »kosmos«, »Deutsche Presse-

Agentur« (dpa), »Associated Press« (AP) und den
»Deutschen Forschungsdienst« (df). Aus seiner Feder
stammen die Bücher »Deutschland in der Urzeit« (1986),
»Deutschland in der Steinzeit« (1991), »Rekorde der
Urzeit« (1992), »Dinosaurier in Deutschland« (1993
zusammen mit Raymund Windolf) und »Deutschland
in der Bronzezeit« (1996). Von 2001 bis 2006 betätigte
sich Ernst Probst als Buchverleger sowie zeitweise als
internationaler Fossilienhändler und Antiquitäten-
händler. Insgesamt veröffentlichte er mehr als 100
Bücher, Taschenbücher, Broschüren und E-Books.

Bücher von Ernst Probst

Affenmenschen
Von Bigfoot bis zum Yeti

Annie Oakley
Die Meisterschützin des Wilden Westens

Archaeopteryx. Der Urvogel aus Bayern

Christl-Marie Schultes. Die erste Fliegerin in Bayern
(zusammen mit Theo Lederer)

Cortés und Malinche. Der spanische Eroberer
und seine indianische Geliebte

Das Dinotherium-Museum Eppelsheim
Führer durch die Ausstellung
(zusammen mit Dr. Jens Lorenz Franzen
und Heiner Roos)

Der Europäische Jaguar

Der Mosbacher Löwe
Die riesige Raubkatze aus Wiesbaden

Der Rhein-Elefant
Das Schreckenstier von Eppelsheim

Königinnen der Lüfte in Europa

Königinnen der Lüfte in Amerika

Königinnen der Lüfte von A bis Z

Königinnen des Tanzes

Malende Superfrauen

Meine Worte sind wie die Sterne
Die Entstehung der Rede des Häuptlings Seattle
(zusammen mit Sonja Probst)

Monstern auf der Spur
Wie die Sagen über Drachen, Riesen
und Einhörner entstanden

Österreich in der Frühbronzezeit

Österreich in der Mittelbronzezeit

Österreich in der Spätbronzezeit

Pompadour und Dubarry. Die Mätressen
von Louis XV.

Raub-Dinosaurier von A bis Z.
Mit Zeichnungen von Dmitry Bogdanav
und Nobu Tamura

Superfrauen 8 – Literatur

Superfrauen 9 – Malerei und Fotografie

Superfrauen 10 – Musik und Tanz

Superfrauen 11 – Feminismus und Familie

Superfrauen 12 – Sport

Superfrauen 13 – Mode und Kosmetik

Superfrauen 14 – Medien und Astrologie

Tony und Bruno Werntgen. Zwei Leben
für die Luftfahrt (zusammen mit Paul Wirtz)

Zenobia von Palmyra. Eine Frau kämpft
gegen die Römer

Bestellungen bei: http://www.grin.com